KiWi
PAPERBACK
1208

AF178771

Das Buch

Alles fing mit einem einsamen, verregneten Urlaub in Thailand an. Anstatt am Traumstrand in der Sonne zu liegen, saß Bjarne Mädel bei strömendem Regen in einem indischen Lokal und dachte sich: »Is ja kindisch, ich sitz in Thailand und ess indisch!« Die Absurdität seiner Lage in einem kurzen Reim verdichtet, lockerte seine Stimmung dermaßen, dass er das Reimen fortan öfter probte. Rückschläge auf dem Weg zum Dichterstar musste er nur in Amerika einstecken: Da strich ihm sein Dozent jedes einzelne Wort eines gerade entstandenen Meisterwerks an.

Doch das ist natürlich lange her. Seine Gedichte sind mitten aus dem Leben gegriffen. Es geht schlichtweg um alles, was zählt: um Anarchie und den Morgen danach, um Thai-Massagen und die liebe Bandscheibe, um Stars im Urlaub und Zwiegespräche mit der eigenen Lunge. Brüllend komisch und doppelbödig – denn hinter jedem guten Witz steckt bekanntlich eine Katastrophe ...

Der Autor

Bjarne Mädel, geboren 1968, absolvierte seine Schauspielausbildung in Potsdam Babelsberg. Von 2000 bis 2005 war er festes Ensemblemitglied am Deutschen Schauspielhaus Hamburg. Seit 2002 ist er auch im Fernsehen und auf der Leinwand zu sehen. In die Herzen der Zuschauer spielte er sich als Berthold »Ernie« Heisterkamp in der mehrfach ausgezeichneten Erfolgssatire »Stromberg«. Man kennt ihn auch als Hauptfigur »Der kleine Mann« in der gleichnamigen Serie, für die er 2009 für den Bayerischen Fernsehpreis nominiert war, sowie aus einer Vielzahl weiterer Kino- und Fernsehproduktionen, u. a. »Tatort«, »Polizeiruf«, »Butter bei die Fische«. Der von Kritik und Zuschauern gleichermaßen geliebten Reihe »Mord mit Aussicht« drückt er als Dorfpolizist seinen komödiantischen Stempel auf. Für seine Darstellung des Tatortreinigers in der gleichnamigen Serie erhielt Mädel bereits zwei Mal den Grimme-Preis.

Die Illustratorin

Anna Blomeier, geboren 1978 in Konstanz, ist eigentlich Schauspielerin. Für Bjarne Mädel ging sie fremd.

BJARNE MÄDEL

GLÜCK REIMT SICH NICHT AUF LEBEN
NA JA, SO IST DAS EBEN

Mit Illustrationen von Anna Blomeier

Kiepenheuer & Witsch

12. Auflage 2026

Umschlaggestaltung: Barbara Thoben, Köln
Umschlagfoto: © Christian Kielmann; Illustration: © Anna Blomeier
Illustrationen im Innenteil: © Anna Blomeier
S. 22, »In Eile«, aus: »Das große Heinz Erhardt Buch«, 2009 Lappan
Verlag Oldenburg
Gesetzt aus der ITC Mendoza und der Bodoni Black
Satz: Felder KölnBerlin
Druck und Bindearbeiten: CPI books GmbH, Leck
ISBN 978-3-462-04316-7

Für Aya

DIE RETTUNG DER POESIE IM BLÖDSINN
Oder: Warum ich (das hier) schreibe
Oder: Drei Ausflüge

Schemenhaft sah ich den Rücken des Riesen, der vor mir saß und uns mit ruhigen, starken Zügen immer weiter ins Ungewisse ruderte. Hinter ihm saß mir zugewandt ein sehr alter Mann, der in diesem Moment dabei war, eine Straftat zu begehen.

Die hölzernen Ruderblätter verschwanden geschmeidig und gleichmäßig im dunklen Wasser. Tauchten tropfend im Nebel auf, um wieder zu verschwinden.

Der Riese drehte langsam den Kopf zur Seite, sodass ich seine enorme Nase sehen konnte, die in etwa so groß war wie meine rechte Hand. Vor einer Stunde waren wir aus dem Gasthof geschlichen. Mit den Werkzeugen beladen, die wir für unseren Raubzug brauchten, waren wir dann vorsichtig einen kleinen Hügel hinab durchs feuchte Gras gelaufen, bis wir an ein altes Bootshaus kamen. Der Schein der Taschenlampen huschte über fette Spinnen und das modrige Gebälk, zwischen dem sie gierig in ihren Netzen hockten.

Im Wasser, in der Mitte des Schuppens, lag ein fünf Meter langes Ruderboot. Die Ruderbootgarage verlassend, war ich beim Gedanken an die im Dunkeln über uns lauernden Spinnen doch erleichtert und froh, endlich keinen festen Boden mehr unter den Füßen zu haben. Als sich die auf dem See liegenden Nebelschwaden durch die aufgehende Sonne aufzulösen begannen, versuchte ich mit einer Gewichtsverlagerung am Riesen vorbeizugucken, um einen Blickkontakt mit dem Alten zu erhaschen. Auch dieser hatte eine extrem ausgebildete Nase, unter der nun eine dicke Zigarre glimmte. Er schaute zu mir herüber und lächelte mich an, wie nur ein Opa seinen Enkel anlächeln kann ...

In dem nach kaltem Zigarrenrauch, Büchern und Rasierwasser riechenden Arbeitszimmer meines Großvaters hatten mich die präparierten Raubfischköpfe, die die Wand zierten, schon immer gleichermaßen fasziniert und gegruselt. Prachtexemplare von Süßwasserhechten mit bösem Blick und scharfen Zähnen.

Und jetzt war ich also zum ersten (und leider auch einzigen) Mal dabei, dem Spektakel Mensch gegen Natur bzw. Angel gegen Hecht beizuwohnen. Irgendwo in den unheimlichen Tiefen des Wassers zog lauernd ein kalter Mörder seine Kreise, und es war nur eine Frage der Zeit, bis wir ihn dem See rauben würden.

Die Aussicht auf dieses Erlebnis und die Tatsache, dass an Bord kaum gesprochen wurde, erhöhten die Spannung. Ich fühlte mich jedoch zu jeder Zeit sicher, was zum einen daran lag, dass der Kapitän mein Großvater war, zum anderen war auch der mir abgewandte rudernde Riese mit mir verwandt. Er war mein Patenonkel. Mit seinen zwei Metern Körpergröße erschien er mir als Kind tatsächlich wie ein milder, gutmütiger Riese. Die beiden pflegten gewisse Gewohnheiten, die, ohne viele Worte zu verlieren, strikt eingehalten wurden: Während mein Onkel ruderte, saß mein Opa qualmend am Ende des Bootes und »schleppte« einen Angelhaken hinter uns her. Was verboten war. Als wir einen aussichtsreichen Platz gefunden hatten, warf mein Onkel den eisernen Anker. Zur Begrüßung dieses Platzes, oder der Fische, oder einfach, weil sie Lust dazu hatten, gab es für die beiden Männer einen Jägermeister und für mich ein Stückchen Lindt Vollmilchschokolade. Die Tafel verstaute mein Opa danach wieder sorgfältig in der Innentasche seines Mantels. So bekam die Schokolade tatsächlich etwas Feierliches, und es war klar, dass man an so einem Tag – neben der Tatsache, dass dort keine Fische an die Haken gingen – noch weitere Gründe hatte, den Angelplatz immer wieder zu wechseln. Obwohl den beiden sehr gebildeten Männern das Prinzip des Zufalls durchaus vertraut gewesen sein müsste, wurde die Entscheidung, wo man den Anker auswarf, in direkten kausalen Zusammenhang mit diversen Beiß- und Fangoptionen gestellt. Mit zunehmender Zahl der Ortswechsel wurde lebhafter und ernsthafter, ja geradezu wissenschaftlich abgewogen und diskutiert. Mir war es egal, ich war heiß auf die Schokolade.

Als wir also wieder über den See glitten und zum x-ten Male Ausschau nach dem optimalen Ankerplatz hielten, sagte mein Onkel plötzlich: »Hier ist der perfekte Platz. Ich habe das Gefühl, hier ist ein *BARSCHLOCH*.« Mein Opa erwiderte: »Ja, und wenn du falsch liegen solltest und das nicht stimmt, lassen wir den ersten Buchstaben weg und dann bist du das!«

Im ersten Moment gar nicht verstanden, blieb mir diese Wortspielerei bis heute im Gedächtnis als ein Beispiel dafür, was für eine große Wirkung so eine winzige sprachliche Veränderung haben kann. Mein Großvater war ein belesener Mann und Verehrer Wilhelm Buschs.

In jeder Lebenslage zitierte er gern,
der Situation inhaltlich nicht fern
oder zumindest in der Richtung,
mit Freude seine Dichtung.

An diesem Tag war er sich jedoch nicht zu schade, albern zu sein, und lehrte mich so, durch das Weglassen des ersten Buchstabens eines Wortes, den Minimalismus, damals auf dem Schaalsee ...

Ich war 37 Jahre alt. – Das wäre jetzt eine Pointe gewesen, aber es entspricht nicht der Wahrheit, und bei der möchte ich hier bleiben. – Ich war acht.

Ähnlich prägende Erlebnisse meiner Kindheit waren Stadionbesuche im Volksparkstadion des HSV. Die Atmosphäre in einem vollen Stadion bei Flutlicht ist für mich unglaublich faszinierend. Dem HSV bis heute treu geblieben zu sein, lehrte mich dann auch noch eine große Leidensfähigkeit.

Als ich in diesem Jahr bei der NDR Talk Show als Gast eingeladen war, hatte ich dort das große Vergnügen, Uwe Seeler kennenzulernen und sogar vor laufender Kamera (ich hatte Angst, dass er hinterher schnell wegmuss) ein Autogramm von Uns Uwe zu ergattern. Damit hatte sich der Besuch für mich bereits gelohnt. Generell gehören Besuche von Talkshows zu meinem Beruf, aber nicht zu meinen Lieblingsbeschäftigungen, da ich mich zwar gern öffentlich in verschiedenen Rollen präsentiere, nicht jedoch als Privatperson. So, Uwe kennengelernt, offenbar keinen allzu blöden Eindruck gemacht, Mund abputzen, weiter, dachte ich. Doch dann meldete sich Kiepenheuer & Witsch ...

Denn in der NDR Talk Show hatte ich leichtsinnigerweise erzählt, dass ich mal in Kalifornien »world literature« und »creative writing« studiert habe, oder wie ich es gern übersetze: Lesen und Schreiben.

Gelesen hatte ich bereits am 13.03.1987 in Deutschland eine Postzustellung an mich, vielleicht die schönste, die ich je bekam. Absender war die Bundeswehr, und man bescheinigte mir, dass ich komplett wehrdienstuntauglich sei und aufgrund von starker Migräne im Ernstfall nicht in der Lage wäre, auf Menschen zu schießen. Somit auch gänzlich vom Zivildienst und kurioserweise quasi über Nacht ebenfalls von besagten Kopfschmerzen befreit, entschloss ich mich, die »gewonnene« Zeit im Ausland zu verbringen. Über mehrere Ecken habe ich Verwandte in den USA, die sich in Palm Springs niedergelassen haben. Diese Wüstenstadt war als Rückzugs- oder Urlaubsort für alte reiche Menschen bekannt, die vornehmlich im Winter das warme Klima zu schätzen wissen. Um nun diesen Leuten ein ihrem Reichtum entsprechendes Leben zu gewährleisten, brauchte es Heerscharen von Arbeitern und Dienstleistern, die ihre Häuser bauten und instand hielten, ihre Autos reparierten usw.

Zu diesem Hofstaat von Handwerkern gehörte meine Verwandtschaft. Die Stadtplaner bewiesen einen Sinn für Ironie, indem sie der Wohngegend der »Zuarbeiter«, die im Gegensatz zu den prachtvollen Domizilen der Reichen doch eher bescheiden ausfiel, einen schillernden Namen gaben: »dream homes«. Die meisten Bewohner träumen ihr Leben lang davon, sozial aufzusteigen, um dort mal rauszukommen.

In meinem Kopf reifte ein ähnlicher Traum. Ich träumte davon, Schriftsteller zu werden und mit dem Erfinden von Geschichten unglaublich viel Geld zu verdienen.

Alle Jobs, die ich fortan machte, sah ich als Zwischenstation und Möglichkeit, Stoff für Erzählungen zu sammeln. Ich suchte Geschichten auf dem Bau, schrieb Dialoge beim Autowaschen mit und sammelte kuriose Situationen als Vertreter für Allzweckreiniger. Natürlich arbeitete ich vor allem, um mir meinen Lebensunterhalt zu verdienen, aber mit der Aussicht, alles Erlebte irgendwann in einem Roman zu verwerten, ließen sich die zum großen Teil fantasielosen Aufgaben besser aushalten. Dass das Schreiben tatsächlich auch ein Handwerk ist, das man erlernen muss, war mir nicht klar, als ich beschloss, mich an einer Universität zu bewerben. Vielmehr dachte ich, dass es sinnvoll wäre, mal genau zu schauen, wie denn große Meister der Schreibkunst zu ihrem Stil gefunden hatten und ob es da etwas gab, das ich mir zunutze machen könnte.

Ich saß also auf dem Campus der University of Redlands und las mit großen Mengen eines amerikanischen Erfrischungsgetränks und Eiswürfeln bewaffnet Dostojewski und Kafka.

Auch eine Biografie von Lion Feuchtwanger hatte ich in

die Finger gekriegt, der ganz in der Nähe, jedoch nicht ganz so freiwillig wie ich, einen Lebensabschnitt in Kalifornien verbracht hatte. In dem Buch war ein altes Foto seiner Villa in den Pacific Palisades nebst Adresse. Also setzte ich mich in meinen knatternden, dick bereiften VW Käfer und fuhr da mal hin. Marta Feuchtwanger war im selben Jahr gestorben, daher nahm ich an, das Haus verlassen bzw. neu vermietet vorzufinden.

Als ich angekommen war, ging ich zuerst in den Garten, die Terrassentür stand offen. Vorsichtig trat ich ein und traf im Haus einen Studenten der University of Southern California an, der damit beschäftigt war, die unzähligen Bücher und Manuskripte des Ehepaares Feuchtwanger zu sortieren und für den Transport in eine Gedächtnisbibliothek vorzubereiten.

Er zeigte mir verschiedenste Schreibtische, an denen Feuchtwanger geschrieben hatte. Es gab ganz normale Tische, aber auch Pulte zum Schreiben im Stehen, ganz niedrige zum Schreiben im Liegen und dann gab es auch noch mehrere zum Schreiben im Freien. Der Student zeigte mir die Plätze, an denen angeblich Bertolt Brecht geschrieben hatte, und auch einen schattigen Tisch, an dem Thomas Mann sich gern seinen oder anderen Gedanken hingegeben haben soll.

Da das feuchte Klima dort am Meer den Büchern schadete, hatten viele von ihnen das Haus bereits verlassen, aber ich sah noch in Leder gebundene, sehr alt anmutende Shakespeare-Ausgaben und sogar handschriftliche Manuskripte von Lion Feuchtwanger. Der Zufall wollte es, dass sich die einzige Person, die Feuchtwangers Handschrift entziffern konnte, für diesen Nachmittag angekündigt hatte. Sie könnte mir sicher noch mehr und bessere Auskünfte geben, und das sogar auf Deutsch. Elisabeth war die ca. 90-jährige Sekretärin Feuchtwangers, die 40 Jahre zuvor als Aushilfe für drei Wochen von den Feuchtwangers eingestellt worden und seitdem nicht mehr von ihrer Seite gewichen war. Vor ihr lag noch eine Menge Arbeit …

Jetzt könnte ich eine blumige Geschichte erzählen über meine Begegnung mit dieser faszinierenden Persönlichkeit. Doch erstens habe ich mir vorgenommen (anders als bei meiner Musterung), bei der Wahrheit zu bleiben, und zweitens tauchte Elisabeth, wenn sie denn so hieß, nicht mehr auf. Es dämmerte und der Student musste »really« los.

Ich saß also in meinem Dune Buggy, knatterte über den amerikanischen Freeway Richtung Osten und war berauscht und als angehender Nachwuchsschriftsteller regelrecht beseelt. Nicht einmal die unterwegs gekauften mexikanischen Burritos, die ich erneut mit einem amerikanischen Erfrischungsgetränk auf Eis im Fahren runterspülte, konnten diesem Gefühl etwas anhaben. Ich hatte Geschichte und vor allem, ich hatte Literaturgeschichte geatmet.

Zwei Dinge blitzten dennoch kurz negativ auf: zum einen die vielen Schreibtische verbunden mit den Erzählungen, dass Feuchtwanger angeblich jeden Tag um 6 Uhr aufgestanden war und mehrere Stunden geschrieben hatte. Selbstverständlich wollte ich Romane schreiben, aber, ja, mehr so aus dem Bauch heraus und auch aus einem Guss. Dass das mit so etwas wie Fleiß und Arbeit zu tun haben sollte, mehr als mit Eingebung, misshagte mir doch sehr. Mit der Erklärung, dass Feuchtwanger in der Hauptsache ja historische Romane geschrieben hatte und bestimmt nur infolgedessen so hart hatte arbeiten müssen, konnte ich die kurze Irritation wegwischen.

Blieb jedoch noch eine zweite, mich mehr als befremdende Tatsache, die meinen Enthusiasmus dämpfte: Das feuchte Haus der Feuchtwangers war sehr groß, doch da es nicht genug Stellwände für die 30 000 Bücher ihrer privaten Sammlung bot, hatten sie etliche ihrer Fenster zugemauert. So, man stelle sich eine Villa vor in den Hügeln Kaliforniens mit freiem Blick auf den blauen Pazifik. Und da mauern die die Fenster zu, um ihre Bücher abzustellen!? Eigentlich war mir in diesem Moment schon klar, dass meine Liebe zu Buchstaben sich doch vergleichsweise in Grenzen hielt. Ich meine, der Blick war traumhaft!

Aber wie gesagt, das waren nur zwei kurze Blitze des Zweifels. Was mein Studium und meinen Wunsch zu schreiben anging, war ich nach diesem Ausflug hoch motiviert. Es mussten ja nicht unbedingt historische Romane sein, für die ich berühmt werden sollte. Überhaupt dachte ich mal wieder an meinen Opa und daran, dass gerade das Weglassen von Dingen ja eine große Wirkung haben kann. An der Uni wurde ein Kurs angeboten, der sich mit dem Schreiben von Gedichten beschäftigte. Na also, weniger Quantität, dafür einfach kurze Gedichte schreiben. Das schien mir passender. Keine Recherche, weniger Buchstaben, schnelle Erfolgserlebnisse und die Aussicht auf freie Aussicht.

Die Grenzen meiner Schreibkunst bekam ich dann aber bereits wenig später und sehr deutlich aufgezeigt. Die erste Schreibaufgabe in dem »poetry«-Kurs war, in einem bestimmten Versmaß (Jambus, denke ich) ein Gedicht mit einem Inhalt unserer Wahl zu schreiben. Hier mein Versuch:

THE EPITAPH

In Fall the leafes will fly
and horror has arisen
you watch a baby cry

Which makes you want to laugh
a black bird smiles insane
and reads off the epitaph

»Wind and weather, I survived,
sun, snow, rain and cold winds
somebody must have derived

All, that you can feel and see
is unreal, mystical,
but I know, you'll follow me!«

und hier im Original:

Die Randbemerkungen – im Original in leuchtendem
Rot – sind von meinem wohlwollenden Literaturprofes-
sor namens HURLBUT (... ein T mehr am Ende und ich
könnte erneut einen herrlichen Bogen zu meinem Opa
schlagen).
Ich war zum Glück realistisch genug, mir einzugestehen,
dass nicht meine unleserliche Handschrift das Kernprob-
lem war, es also auch nicht damit getan sein würde, einen
Schreibmaschinenkurs zu absolvieren. Ein Gedicht so
korrigiert zurückzuerhalten wie einen Kariestest – »Oh,

ALLES ROT« – ließ mich meinen Traum, Schriftsteller zu werden und irgendwo mit Blick aufs Meer, den Wellen lauschend, in die Tasten zu hauen, dann ganz schnell begraben.

Es war mein erster (und letzter) Reimversuch auf Englisch. Ich verlegte mich von da an mehr aufs Lesen, denn das kann ich.

Ich habe damals begriffen, dass ich zu der Kategorie von Schriftstellern gehören würde, die ihr Leben lang auf den einen Roman in ihrem Kopf warten, der sich von selbst schreibt. Von dieser romantischen Vorstellung habe ich mich dank Professor Hurlbut verabschiedet und ging noch einen Schritt weiter als mein Opa ... Ich ließ es einfach ganz (weg)!

20 Jahre hatte ich nichts mehr geschrieben. Bis zum November 2007. Da flog ich dann für drei Wochen nach Thailand, um mich in die Sonne zu legen und auszuspannen. Geplant war, dass ich eine Woche allein reisen und die restlichen zwei Wochen mit einem Freund verbringen würde, der aus Deutschland nachkommen wollte. Dieser Plan ging mehrfach in die Hose. Es regnete die ersten sechs Tage komplett wie aus Kübeln durch, dann wurde der Flughafen in Bangkok besetzt, und es gab für meinen Kumpel keine Möglichkeit einzureisen. Also verbrachte ich drei Wochen allein auf thailändischen Inseln.

Wo ist das Problem?, werden sich jetzt junge Rucksackreisende oder ältere Sextouristen denken. Es gab nicht wirklich Probleme, oder keine wirklichen Probleme, ich versuche nur die Situation zu beschreiben, die dazu führte, dass ich wieder anfing zu schreiben; was für mich doch tatsächlich eine Grundvoraussetzung dafür ist, ein Buch zu veröffentlichen (das gilt ja nicht für alle »Prominenten«).

Schon nach einer Woche Einsamkeit bemerkte ich bedenkliche Veränderungen in meinem Verhalten. Ich begann zum Beispiel mit streunenden Hunden zu sprechen: »Na, du Kleiner, wo kommst du denn her? Ja, du bist ja ein Süßer ...«, auch eine tennisballgroße Kakerlake, die sich mir näherte, als ich barfuß auf dem Klo saß, sprach ich an: »Na, du Kleiner, wo kommst du denn her? Ja, du bist ja ein Süßer ...« Diese Form debiler Sprache, die man oft bei Eltern im Umgang mit ihren Kleinkindern beobachten kann, ist auch normalerweise so gar nicht meine Art. Und doch schaute ich mich eines morgens im Spiegel an und sah und hörte mich sagen: »Na, du Kleiner, wo kommst du denn her? Ja, du bist ja ein Süßer ...«

Und ebenso aus dem Nichts passierte in diesem Urlaub noch Folgendes: Bei strömendem Regen saß ich am Abend in einem Lokal, also, in einer zu den Seiten hin offenen, aber zum Glück überdachten Hütte, in der man indische Küche anbot. Und als ich mir so eine Art Curry-Huhn mit Reis in den Mund schob, passierte in meinem Kopf folgender Satz: »Is ja kindisch, ich sitz in Thailand und ess indisch.« Das heiterte meine Stimmung zumindest so weit auf, dass ich vor mich hinschmunzelnd, dem Regen lauschend, zu Ende aß.

Seit diesem gereimten Einfall fing ich an, Situationen und Beobachtungen auf ihre Reim-Kompatibilität abzuklopfen, und muss sagen, dass Thailand sich als sehr ergiebig erwiesen hat.

Zurück in Deutschland geriet diese Reimerei wieder in den Hintergrund. Dann und wann schaute ich Heinz Erhardt an. Und da war sie wieder, meine Begeisterung für Minimalismus und Reduktion. Wie er es geschafft hat, das ganze Leben in wenigen Zeilen zu »verdichten«, ist unbeschreiblich schön. Es ist deshalb so »unbeschreiblich«, weil es dazu einfach nichts zu schreiben gibt.

IN EILE

Kaum warst du Kind, schon bist du alt.
Du stirbst — und man vergißt dich bald.
Da hilft kein Beten und kein Lästern:
Was heute ist, ist morgen gestern.

Wenn das Leben so komprimiert und augenzwinkernd
auf den Punkt gebracht wird, bleibt
mir nur pure Freude und blanker Neid!
Warum dann dieses Buch? Ich hatte ja bereits erwähnt, dass besagter Verlag auf mich zukam. Dies geschah in Form zweier Lektoren, die (nachdem sie meinen Auftritt beim NDR gesehen hatten) auf die Idee kamen, dass der Mädel ja, wenn er reden kann, vielleicht auch schreiben kann. Und da sie nicht lockerließen, schlug ich ein Treffen bei *Nudel-Hugo* in Kreuzberg vor. »Es tut mir leid, ich habe leider keinen Roman, weder in der Schublade noch im Kopf, aber ich schreibe seit drei Jahren ab und an so kleine Gedichte. Davon habe ich welche dabei.« Die Ge-

sichtsausdrücke heuchelten Interesse. Hinter der Fassade konnte ich jedoch ein unbehagliches Erschrecken erkennen, als hätte ich gepupst.

Sie nahmen die Werke, wie mir schien, mit spitzen Fingern in Empfang. Und dann geschah Folgendes: Sie mussten schmunzeln und hin und wieder sogar lachen oder nicken.

Die beiden Lektoren, die an dieser Stelle mal namentlich genannt werden sollten, also Martin Breitfeld und Sandra Heinrici, befanden meine Gedichtchen als qualitativ ausreichend, um sie dann in Köln bei KiWi in größerer Runde vorzustellen, ohne zu befürchten, sich bis auf die Knochen zu blamieren. Hierfür bin ich den beiden sehr dankbar. Am Telefon berichteten sie mir, es sei in der großen Runde geschmunzelt und hin und wieder sogar gelacht oder genickt worden.

Genau diese Reaktion beobachtete ich an mir selbst, als ich Zeichnungen meiner Schauspielkollegin Anna Blomeier in der Wohnung eines Freundes am Kühlschrank hängen sah. Ich hatte Anna bereits zuvor auf der Bühne gesehen und mochte ihr Spiel, das geprägt war von großer Authentizität, Tiefe, und – was ich bei Schauspielerinnen eher selten sehe – sie spielte selbstironisch, uneitel und war auf eine lakonische Art sehr lustig. Dass sie auch zeichnen kann, war mir neu! Ich hatte sofort das Gefühl, dass ihre Zeichnungen zu meinen Gedichten passen könnten.

Also fragte ich sie, ob ihr zeichnerisch etwas zu meiner Reimerei einfallen würde. Weder schmunzelte noch lachte sie, sie nickte einfach.

Warum erzähle ich das alles? Nun, zum einen hatte ich versprochen, in diesem Vorwort zu erklären, wie es dazu kam, dass es dieses Buch gibt. Zum anderen ist es mir wichtig, klarzustellen, dass mich nicht ausschließlich Eitelkeit und Selbstdarstellungssucht dazu trieben, dieses Buch verlegen zu lassen. Ich habe keine Ahnung, was genau sich der Verlag davon verspricht (sage an dieser Stelle aber auch Kiepenheuer & Witsch Danke für den Mut zu diesem Experiment). Ich für mich hoffe einfach, dass meine Gedichte auf die, die sie lesen, die Wirkung haben werden, die das erste, »mir in Thailand passierte«, auf mich hatte. Es besserte meine Laune und ließ mich schmunzeln. Nicht mehr, aber auch nicht weniger.

So, jetzt ist er leer, der Schädel,
es grüßt Sie herzlich

SELBSTERTAPPUNG

Es ist wirklich wie ein Fluch,
jeder Promi schreibt ein Buch.

Und hat jemand mal Talent,
ist fast sicher, dass ihn keiner kennt.

Sportler, Sänger, Schauspieler, die schreiben,
ich wünschte mir, sie ließen's bleiben.

Ja, ja, auf einmal Poeten von der Sohle bis zum Scheitel,
also ich persönlich find das eitel.

Am besten noch in Reimen,
da lachen ja die Kälber.
Oh Gott ... ich mach's grad selber.

PAARIGES

SCHLAFGEWOHNHEITEN

Die ersten Jahre sagt man: »Schatz«,
später dann: »Ich brauch mehr Platz.«

FEINES NÄSCHEN FÜR PHEROMONE

Zu seiner Frau ins Bett gekrochen,
hat er dort ihren Ex gerochen.

SILBERHOCHZEIT

Er schaut ihr auf den Mund
und hört nicht, was sie sagt.

Er glaubt, jetzt hat sie wieder was gefragt.

KEHRSEITE

Sie schaut ihm auf den Mund,
hört auch nicht, was er sagt.

Wahrscheinlich hat er sich beklagt.

DORIAN GRAY DENKT ANS HEIRATEN

Meinst du, wir sind im Alter noch zusamm'?
Du wärst dann leider krumm und grau,
ich wär dein Mann ---
und du wärst meine alte Frau.

TRENNUNG

Es ließ sich nicht vermeiden,
der Ansicht warn die beiden.
Ihre Trennung musste sein ...
Beide sind sie nun allein.

TRAURIG

Angeblich ist der Mensch zu 65 Prozent Wasser,
ich hingegen bin wohl noch etwas nasser.

Denn so viel, wie ich grad wein,
müsst ich längst vertrocknet sein.

DER MORGEN DANACH

Sonne lacht, sie erwacht.
Sie fragt ihn: »Is noch was gewesen?«
Er sagt: »Nee, ich hab gelesen.«

PLAYBOY A. D.

Sitzt er am Ende ihres Bettes,
denkt sie eigentlich nur Nettes.

Zwar sieht sie von hinten seine Glatze,
schaut sie zum Fuße der Matratze.

Und den Ansatz von 'nem Bauch,
den hat er auch,

doch denken tut sie ehrlich,
so ist er weniger gefährlich.

Nicht mehr auf der Jagd nach Häschen
und – der Junge hat sein Näschen.

Und so sie zärtlich zu ihm rüberschielt,
als er väterlich mit ihrem Jungen spielt.

ROMANTIK

Sitzt man so allein am Meer,
wird das Herz schon ganz schön schwer.

EHEGLÜCK

Es war ein Mann in Paris,
der fand Frauen ziemlich fies.
So ließ er sich nicht lumpen
und schlug sie meist zu Klumpen.

Doch all das viele Schlagen
fing an, ihn arg zu plagen.

Das war auf Dauer nicht zu schaffen,
er brauchte wirklich dringend Waffen.

Er besorgte sich ein Messer,
damit ging's natürlich besser.
Und war zum Stechen er zu träge,
dann nahm er einfach eine Säge.

Über die Jahre erwischte es einen ganzen Haufen,
so schnell konnten die Damen gar nicht laufen.
Noemi hieß die Letzte,
die er total zerfetzte.

Später war er nicht mehr krank
und stand am Schalter einer Bank.

Jetzt, ganz alt und grau –
gesteht er alles seiner Frau.
Doch nicht, dass bei ihr Tränen fließen,
sie fragt nur: »Konntest du nicht schießen?«

SCHLUSS

Sie sagte ihm: Du bist das Letzte,
was ihn natürlich sehr verletzte.

KOMPLIMENT

Du bist echt 'ne starke Frau! ---
Und ich mein nicht den Körperbau.

ABSCHIED

Noch viel dringender als Bücher
braucht man manchmal Taschentücher.

MENSCHLICHES

GRIPPE

Noch viel dringender als Bücher
braucht man manchmal Taschentücher.

DER HYPOCHONDER

Sitzt er beim Arzt im Wartezimmer,
wird sein Leiden nur noch schlimmer.
Denn dort sitzend sieht er dann,
was er alles haben kann.

AUSSCHLAG

Ich bin hier so am Daddeln,
auf einmal hab ich Quaddeln.
An den Schultern, den Armen,
bis runter zu den Händen.
Man meint, dort könnt es enden,
doch weiter unten, so am Bauch ---

da hab ich's auch!

NEULICH IM TAXI

Beim Fahrn das Auto heftig ruckt,
weil der Fuß des Fahrers zuckt,
was mir beileibe nicht gefällt,
und --- ach, er hält.

SOMMER

Spätestens wenn Maden kriechen,
fangen Menschen an zu riechen.
Doch ist es in der U-Bahn eng,
duftet auch das Leben streng.

KOMISCH

Lachen ist gesund,
denke ich und heul mich wund.

ELTERN STOLZ

Die Liebe zu dem Sohn* geht zuweilen tief
und ist tatsächlich niemals objektiv.

Doch mal ehrlich: Wirklich keiner
ist so toll wie meiner.

* wahlweise den Sohn ersetzen durch z. B. Auto; dann bitte Zeile 3
und 4 angleichen

GEBURTSSCH(M)ERZ

Pferde schreien bei der Geburt nicht groß,
das Fohlen fällt und rennt dann plötzlich los.

LÄUFT DIE ZEIT IM ALTER SCHNELLER?

Die Antwort darauf ist sehr leicht,
wenn man mal die Uhrn vergleicht.
Die Wahrheit fällt hingegen schwer:

»Wir kommen (h)alt kaum hinterher!«

FAULE SAU

Die Nase, die kann laufen,
mit dem Mund kann man was kaufen.

Die Arme können rudern,
die Hände können pudern.

Die Füße können riechen,
die Beine können kriechen.

Die Augen könn' was sehn,
das Gehirn sogar verstehn.

Mit dem Kopf, da kann man nicken,
die Knie können knicken.

Die Ohren könn' was hörn,
das kann ein' auch mal störn.

Alle können was machen,
das Zwerchfell sogar lachen.

Die Achseln können schwitzen,
Nur der Arsch ---

der kann nur sitzen.

LE GEANT

Heute musste ich so pupen,
man dacht, ein Auto würde hupen.
Meine Freundin fand das peinlich,
ich das von ihr ein bisschen kleinlich.
Denn zu einem Furz wie diesem
gratuliert man einem Riesen.

JUNGS IM FREIBAD

Gut, es mag ja stimmen,
ein paar komm' auch zum Schwimmen.
Doch die meisten, die da hocken,
schaun den Frauen auf die Glocken.

WAS VORBEI IST, IST VORBEI

Selbst mit einem bunten Schlüpfer
kriegt man keine jungen Hüpfer.

IMMER DAS, WAS MAN NICHT HAT

Immer, immer weiter, oft die ganze Nacht,
zur nächsten Party hat es mich getrieben.

Bei der letzten hab ich dann gedacht:
Wär ich auf der ersten doch geblieben.

DANKESCHÖN AN EINE BANDSCHEIBE

Oft musstest du dich für mich bücken,
ich würd dich gern mal dafür drücken ---

doch leider hab ich Rücken.

ELEFANTENMENSCH

Er hat sich selbst ein Tuch geschenkt,
damit den Spiegel zugehängt.

Doch sieht er nun auch leider nicht,
wie er innerlich zerbricht.

IMMER SO WEITER

Das Leben beginnt mit einem Schrei.
Es folgen ein, zwei Jahre Brei,
noch 20 Jahre feste Nahrung
und nicht selten wieder Paarung.

HUNDEKOT

Tritt der Mensch in einen Haufen,
ist er tatsächlich dumm gelaufen.

GAR NICHT DA

Depressionen sind, wohin es führt,
wenn man sich so gar nicht spürt.

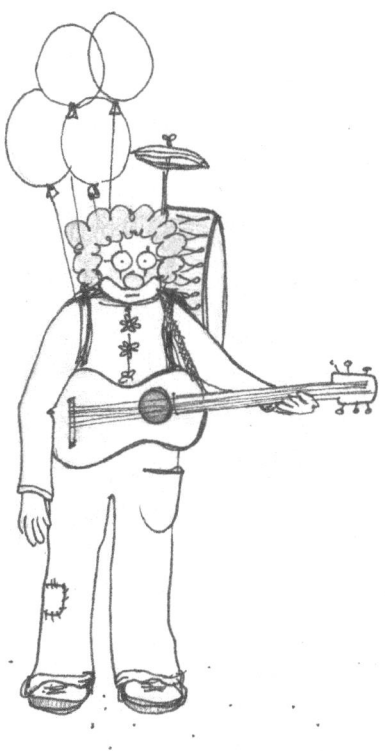

DURCHSICHTIG

Sie denkt sich: »Heute
geh ich nicht gern unter Leute,
weil dann wohl ein jeder sieht,
was mit meinem Herz geschieht.«

Wenn sich in ihr drin was staut,
hat sie äußerst dünne Haut.

UNSYMPATHEN

Ein »Guten Morgen« von einem diesen
kann denselben schon vermiesen.

ZUGRIFF

Jeder Mensch sucht nach dem Glück,
dem blöden Stück ...
Oft ein ganzes langes Leben
greifen viele knapp daneben.

HAARIGES

EINSCHAFEN

Ich glaub, kein Mensch zählt wirklich Schafe,
um dann zu merken ...
Oh, ich schlafe.

ANARCHIE

Die Schnecke hält es nicht mehr aus,
und sie schreit: Ich muss hier raus!
Also wirft sie weg ihr Haus ---

und flippt danach so richtig aus.

ALTE RECHTS-LINKS-SCHWÄCHE

Kommen wir zu zweit an'n Strand,
suchen Krebse gleich das Weite.
Nie nach vorn!
Nie zurück! ---
Immer nur zur Seite.

DER WACH-HUND

Ohne ganz bestimmten Grund
wär ich gern ein Blindenhund.

Ich könnte dann für einen Blinden
den Eingang seiner Hütte finden.

Vielleicht dürft ich sogar mit rein
und müsst nicht immer draußen sein.

Schlafen würd ich nachts auf 'ner Matratze ---
oft träum ich auch, ich wär 'ne Katze.

BUNTE FISCHE

Für einen kleinen Batzen Geld
komm' Leute aus der ganzen Welt.
Sie kommen her zum Tauchen.
Doch meine Lunge ist nicht dicht,
ins tiefe Wasser darf ich nicht ---
und geh jetzt eine rauchen.

MEISTER

Ich glaub, der blaue Wal
hat wohl das größte Genital.

VERKLEMMT

Sie dachte, »das ist wirklich Glück«,
vor sich das große Käsestück.
Doch dann mit einem Knalle
schnappt sie zu, die Falle.

»Ach, jetzt komm ich nicht mehr raus ---
ich arme kleine Maus.«

WER MÜDE IST, MACHT FEHLER

Es war einmal ein Elefant,
der fand
ein Nashorn genetisch interessant.

SPRACHLICHES

WIE BLÖD IST DAS DENN BITTE?!

Der Reim, der noch beim Schreiben gut war,
ist nun beim Lesen unzumutbar.

SPRACHLICHES

BUCH-HANDEL

Der Verlag das Konto strapaziert,
damit der Händler 's Buch platziert.
Und der Autor innig fleht,
dass sein Werk am Eingang steht.

GHOSTREITER

Schwierig wird's, wenn er bestreitet,
dass er nicht für sich selber reitet.
Der echte Reiter merkt entsetzt,
dass er aufs falsche Pferd gesetzt.

Für beide ist's hingegen dumm,
läuft der Gaul erst falsch herum.

NUR FÜR BERLINER

Ick sitz am Tisch und esse Kringel,
auf einmal geht sie los, die Klingel.
Selbstverständlich wart ich drauf,
doch die Tür, die geht nicht auf.

Also denke ich auch nicht »*Nanu?*«,
denn die Tür, die bleibt ja zu.

Auch ich geh raus, um nun zu sehn,
wer mag da vor der Türe stehn.

Doch dieser Schluss, der ist gemeiner:
vor meiner Tür ... da steht gar keiner.

BERTHAS PLATTES RÄTSEL

Huutschie Panuutschie,
haett weder Hoar noch Snutschie
un kummt doch in de Welt.

WENIGER IST MANCHMAL MEHR

Mein Nachbar, der kann 17 Sprachen,
doch ich kann dafür lauter schnarchen!

CLOWNESKE

Erich Kästner und Heinz Erhardt,
die kämpften oft mit Worten.
Jetzt bin ich es, der es schwer hat ---
doch werf ich meist nur Torten.

ANSICHTSSACHE

Für den einen sind es Limericks,
für andere Gedichte.
Manche gehen ganz fix ---
andre sind 'ne längere Geschichte.

LION FEUCHTWANGER

Er würde eigentlich gern noch bleiben,
doch manche wolln ihn jetzt vertreiben.
Und die Zeit nun wirklich drängt,
der Nachbar wurde schon erhängt ...
Sogar mit scharfen Klingen
wolln sie ihn zur Abfahrt zwingen.
Zum Glück wird er entkommen,
doch vieles ham sie ihm genommen,

vor allem das »Willkommen«.

MIT GEWALT

So ein kleiner Endreim
kann schon ganz schön schwer seim.

Und sollte es nicht passen,
dann muss man's einfach lassen.

SAUBER VERDICHTET

Mit den Fingern in der Spüle
erklärt der Klempner, dass er fühle,
er bräuchte schnell 'ne neue Dichtung.
Ich sag: Sehr gerne, aber welche Richtung?

GANZ KURZ MAL EBEN!?

Man ist wohl prominent,
wenn einen jeder kennt.
Wird man dann erkannt,
ist man ... prominant ?

Und ist ein Promi wichtig,
dann etwa prominichtig?

SÄCHSISCH

Der Hund, der kommt aus Birma,
doch leider hat er Würmer.

UND WENN SCHON

Sie sagt zu ihm extrem pikiert:
»Du bist total fäkal fixiert!«
Darauf er zu ihr: »Ich weiß,
manchmal red ich einfach Scheiß.«

VIERZEILER

Was am Anfang klar ist, ist das Schema ---
braucht man nur ein gutes Thema.
Doch das Selbstbewusstsein kracht,
wenn das schon jemand anders und besser auf den
                                          Punkt gebracht.

EINS FEHLT MIR

Ich hatte ein Gedicht,
das fand ich echt 'n Feger.
Mein Lektor fand das nicht,
er hielt's nicht für integer.
Sanft verfiel es der Zensur,

doch bei dem hier bleib ich stur.

ZU TISCH

NACHTISCH 9876

Die Franzosen nennen's Crêpe Suzette,
doch ich glaub, man kann vergessen,
dass die das selber essen ---
sonst wären die ja fett.

LIEBE GEHT DURCH DEN MAGEN

Eigentlich war er kein guter Koch,
nur manchmal eben doch:
Dann machte er für seine Puppe
aus Kürbis eine Suppe.

ZIEL VERFEHLT

Der Mann hieß Bobby Miller,
sein Traumberuf war Killer.
Er sollte dann für Kröten,
einfach mal ein' töten.

Doch als er ihm ins Auge sah,
da wurd ihm eines völlig klar:
»Ich hab zu viel Gewissen.« ---

Er hat ihn dann gebissen.

ERFAHRUNGSWERTE

Kuchen vom Vortage sind hart,
sogar Birnen-Mandel-Tarte.

VON DER HAND IN DEN MUND

So ein kleiner Keks
ist nicht lange unterwegs.

MEIN MAGEN IS FÜR SESSHAFT

»Ich sach mal so: Zu Haus
kennt sich meine Schleimhaut aus.
Und da ich hasse fremde Speisen,
will ich nu auch nich mehr reisen!«

URBANE

Sagen täglich Danke
für die 24-Stunden-Tanke.

RELIGION

Warum essen Inder
eigentlich keine Rinder?
Heilig is doch nur die Kuh,
na ja ... so 'n Rind ... gehört wahrscheinlich irgendwie
dazu.

DOOF, ODER?

Ich habe heut vergessen,
irgendwas zu essen.

GESTRIGE BEDÜRFNISSE

Heute hat der Eber Durst,
morgen ist er Leberwurst.

SPIELEN

JEDES JAHR DAS GLEICHE SPIEL

»Herr Mädel, was machen Sie in'n Ferien?«
»Och, am liebsten guck ich Serien.«

CURB

Manchmal muss man ganz schön kämpfen,
um Enthusiasmus einzudämpfen.

DÄUMCHEN-DREH-ARBEITEN

Wenn ich komme an ein Set,
sind wirklich immer alle nett.
Die unterschiedlichsten Arten
trifft man dort beim Warten.
Das Einzige, was man nicht versteht:

Wann wird denn eigentlich gedreht?

KOSTÜME

Verpackungen allein machen keinen Sinn,
denn das Eigentliche steckt ja nun mal drin.

DER WEG ZUM GLÜCK

Auf der Bühne geht ein Mann,
und unten sitzen Leute, die gucken sich das an.

CHARAKTERE

Nachvollziehen kann ich viele,
vor allem die, die ich nur spiele.

JULIUS

Mein Urgroßvater namens Ussel
war nun absolut kein Dussel.
Ein bisschen klein zwar von Gestalt,
und leider wurd er auch nicht alt.
Als Torwart aber ein Genie,
hielt er selbst Elfer wie noch nie.

NUR DER HSV

Waren sie mal wieder »englisch«, diese Wochen,
brauchte sie für ihren Mann gar nicht zu kochen.
Denn dann war eine fette Raute
das Einzige, an dem er kaute.

Zur Kur er schickte dann so*gar des Frau** ---
denn es zählte wirklich nur der ...

* Die Grammatik kann schon mal verspringen,
wenn 50 000 Leude lautstark »Hamburch meine Perle« singen ...

FALSCHE LIMERICKS
Gastbeitrag von Ralf Husmann

Wir bauen einen Schneemann
und nennen ihn Jens Lehmann.
Oder bauen aus Schutt
Jörg Butt.
Und der schwule Hehler,
der spricht wie Uwe Seeler.
Guckt dann, ob es schön is,
und verkauft's an Uli Hoeneß.

UNS UWE

Ich einst vorm Tor in Versen sprach
und mir dabei die Verse brach.

GRÜNDE FÜR EIN 0:0

In unserm Spiel, da steckt der Wurm,
vor allem auch im Sturm.
Und die Abwehr ist humorlos ---
darum endet's torlos.

WEIT WEG

TANGER/MAROKKO

Achmed wollte eigentlich fliehn,
doch dann rief ihn der Muezzin.

WENN'S IN DUBAI KALT WIRD

»Für ein Feuer«, sagt der Scheich stolz,
»brauch ich lediglich ein Streichholz.
Das werf ich in die Quelle,
es brennt dann auf der Stelle.«

NOVEMBER

Ich wollte mir ein bisschen Sonne klaun,
das kann ich in die Tonne haun.
Nix is mit Strahlen,
die lecker schön den Bauch bepinseln,
es gibt auch Regen auf den Inseln!
Natürlich wollte ich bei Sonne dann auch baden,
jetzt sitze ich im Taxi mit Wasser an den Waden.
Da kann doch was partout nich stimmen,
ich wollte nicht im Auto schwimmen!

ERNÜCHTERT

Vielleicht ist der Traum von einem Eiland
für mich ganz einfach nicht in Thailand.

Ich frag noch mal den Heiland.

STRASSENVERKEHR IN TAIPEH

Wenn man hier nicht schnell zur Seite springt,
ist es möglich, dass man morgen hinkt.
Die fahren Mofa ohne Schutz
und oft auch noch durch groben Schmutz.
Auch tragen sie gar keinen Helm –
noch nicht einmal 'n alten Topf.
Alter, da fasst man sich an'n Kopf.
Und wenn sie auf denselben fallen
oder irgendwo hart gegenknallen,
da schützen keine Hände ---
meist ist das schon das Ende.

STARS HAM RECHT

Das Wetter hier in Thailand,
das ist vielleicht nicht suuper,
sprach einstmals Gary Cooper.

Doch besser als in Mailand.

THAI-MASSAGE

Gestern war ich bei 'ner kleinen Frau,
ich war verspannt, das merkte die genau.

Die ist dann auf mir rumgeklettert
und hat die Wirbel reingebrettert.

Und heute, ach wie schade,
bin ich schon wieder nicht mehr grade.

Macht das Kneten wirklich Sinn?
Egal – morgen geh ich wieder hin!

SCHWIMMEN IM SENEGAL

Was ich persönlich schwierig fand,
war das Verhalten dort am Strand.
Ich denke, dass man es Rassismus nennt,
wenn man Schwarz und Weiß beim Baden trennt.

WM 2010

Im Süden machen 22 Männer mit einem Ball Gymnastik,
und währenddessen versinkt der ganze Kontinent in
buntem Plastik.

KARIES DANK CASSIUS CLAY

Boxte Ali nachts um drei,
gab's für Bjarne Zuckerei.
Doch anders als hier dies Gedicht
war Ali wirklich Schwergewicht.
Im Boxolymp darf er nun thronen ---

Bjarnes Zähne haben Kronen.

GOOD NIGHT AND GOOD LUCK

I had a dream and it was nice,
and I mean *verry* ---
I spent the night with Halle Berry!!!

3207 DEERLANE DRIVE

An diesem Orte leben:
3 Hunde, 5 Katzen und 2 Paare.
Das bringt mit sich:
erstaunlich viele Haare.

EINE FRAGE AN ULRICH WILDGRUBER

Ich habe eine ernste Frage,

sie ist nicht wirklich groß,
doch lässt sie mich nicht los.

Es war sehr kalt und tiefe Nacht,
Sie konnten nicht mal Ihre Hände sehn,
als Sie sich festlich aufgemacht,
ein letztes Mal ins Meer zu gehn.

Nur mit wahnsinniger Disziplin
kann man so der Erde fliehn.

Mit Ihrer unbändigen Kraft
haben Sie's dann wohl geschafft.

Ich hab gehört, Sie hatten was am Herzen,
ganz sicher warn es Schmerzen,
entweder pur
oder seelischer Natur,
die Sie dazu bewogen.

Nun meine Frage:

Haben Sie sich vorher ausgezogen?

HOLLÄNDER IM SPIEGEL

Oftmals bezog er mächtig Prügel
mit seiner Mutter Kleiderbügel.

Noch heute hat er im Gesicht 'ne Schramme
und denkt sich leise »Chrott Verdamme!!!«.

INDIANER KENNT KEIN' SCHERZ

Der Sohn des Häuptlings lacht sehr laut,
worauf der Vater ihn verhaut.

FILMSTERNCHEN IM URLAUB

»Ich würde mich nicht eitel nennen,
doch dass die mich hier so gaar nich kennen ...?!«

SILVESTER IN DÄNEMARK

Wir sehen uns in Falster
und saunen da mit Alster.
Obwohl noch besser wird wohl sein,
wir kippen einfach Glühwein rein.

GAUGUIN

Bewaffnet mit 'nem Pinsel
geht er auf eine Insel.
Er liebt es, dort den Frauen
beim Baden zuzuschauen.
Und gibt es keinen Einwand ---
malt er sie auf Leinwand.

WENN ASTROLOGEN TRÄUMEN

Manchmal wär ich gern
von einem andren Stern.

GANZ NAH

SPIEGEL DER SEELE

Wenn man nah vor einem Menschen steht,
weiß man sogleich, wie's diesem geht.
Ganz verräterische Dinge
sind zum Beispiel Augenringe.

BODENSEE

Mein Papa hat 'nen dicken Bauch,
doch Humor, den hat er auch.

Wenn er an sich runterguckt,
die Wölbung glatt die Sicht verschluckt.
Ich hab ihn mal gefragt:
»Siehst du beim Duschen deinen großen Zeh?«
Worauf er mir gesagt:
»Ach, mir reicht es, wenn ich Boden seh …«

SCHNEEWITTCHENWEG 7

Schrebergärten sind schon eine eigne Welt,
ein Stück Natur für möglichst wenig Geld.
Doch muss man wissen, wie man sich verhält.

Schöne Pflanzen sind verkehrt,
wenn man sie zu Kraut erklärt.
Eine Plage sind auch Schnecken,
vor allem in präzisen Hecken.
Und Meistergärtner werden blass,
macht man die Tomaten nass.

Es ist ein bisschen spät, wenn man erst erkennt,
dass man hier nichts hat zu suchen,
während man schon blutend rennt
zwischen Gräsern, Birken, Buchen,
weil der Nachbar einem ganz gepflegt
in die rechte Hand gesägt.

Und noch ein Tipp für alle auf der Welle
mit der eigenen Parzelle:
Auch die Aversion gegenüber Zwergen
lässt sich auf Dauer nur ganz schwer verbergen.

GANZ NAH

LIED GUT

Kommt ein Vogel ...

Landet doch tatsächlich auf mein' Füßen,
und er sagt, er soll mich grüßen* ---

von der Süßen!

* Schatz, moderne Vögel haben kein Papier im Schnabel,
man legt den Hörer ja auch nicht mehr auf die Gabel.
Kein Zettel musste dieses Gedicht stärken,
denn der Vogel konnt sich's merken.

GAR NICHT SO EINFACH

In meinem Kopf, da herrscht Getöse.
Als Kind, da gab's nur Gut und Böse,
jetzt sieht man die Dinge differenzierter ---
das macht alles deutlich k o m p l i z i e r t e r.

UNERTRÄGLICH

Mit diesen meinen Schmerzen
ist wirklich nicht zu scherzen.
Sie auszuhalten fällt mir schwer,
drum renn ich immer hin und her.

Doch leider gibt's für *Cluster*
weltweit noch kein Pflaster.

GESPRÄCHSRUNDE

Alzheimer fragte staunend: »Was???«
Inkontinenz wiederholte: »Nass!!!«
Verapamil betrat den Raum
und wollte irgendwas blocken ---
dann kam das Gespräch ins Stocken.

ZWIEGESPRÄCH MIT MEINER LUNGE

»Junge, Junge ...«,
keucht im sechsten Stock grad meine Lunge,
»das Nikotin muss dringend raus!!«
Darauf ich:
»Ja ... sicherlich ...
ich dachte schon, du pfeifst mich aus.«

KNAPP AM PARADIES VORBEI

»Lebens-Hälfte«, denke ich entsetzt,*
ja, wie fand ich das denn so bis jetzt?

Hab's ganz sicher nicht gehasst,
doch leider dann und wann
fühlte es sich an,
als hätte ich den Bus verpasst ...

* Es nützt ja nix, jetzt zu gefrieren,
daher ganz einfach bilanzieren.

HIER UND DA

MIT ANLAUF

Aus ihrer Parterrewohnung will sie raus,
darum wählt sie sich das höchste Haus
und sucht sich dort 'ne Wohnung aus.

Nach dem Umzug räumt sie ein,
will am Abend fertig sein.
Unter ihrer neuen Brause
fühlt sie sich schon ganz zu Hause.
Und mit ihrem neuen Fön
macht sie sich die Haare schön.
Dezent geschminkt und ganz adrett
fällt sie erschöpft, doch froh ins Bett.

Zwei Stunden später wird sie wach,
steigt gleich die Treppen hoch aufs Dach.
Die ersten Strahlen will sie sehn,
nicht immer nur das Untergehn.

Diesen Sonnenaufgang nimmt sie mit
und macht beherzt den letzten Schritt.

HAAALIHAALOOOOO!!!?

Seine Nerven sind sehr dünn,
darum endet es auch schlimm.
Ich glaube, in München
beginnt er zu lynchen.
Und auch in Prag
mordet er stark.
Von dort kann er flitzen
und weiter geht 's Schlitzen.
Selbst noch in Wien,
das Töten als Spleen.
Er entwischt dann nach Trier,
ja und nun ... ist er hier!

MICHAEL

»Ich würde mich nicht eitel nennen,
doch dass die mich hier so gaar nich kennen ...?!«

ZEIT

Sie rennt und rennt,
hat man verpennt.

Nie wenn man will,
steht diese still.

PLÖTZLICHE ERKENNTNIS

Sollt ich tatsächlich einmal sterben,
wird irgendjemand alles erben.

EINGEMEISSELT

Es ist doch wirklich nur gemein,
das ganze Leben auf 'nem Stein.
Männchen oder Dame,
oben steht der Name.
Als Nächstes dann: geboren,
daneben: wann verloren.

FRIEDHÖFE

Kann ich nicht mit umgehn,
muss ich meist drum rumgehn.

KASPERLE SCHLÄGT DEN TOD

Kommt zu mir einmal der Tod,
mal ich meine Nase rot.
Denn, muss er erst mal lachen,
kann er ja nix mehr machen ...

FLÜCHTIG

Flöge heute meine Seele fort,
bliebe nur Materie vor Ort.
Und das ja auch nicht wirklich lange ---
bei dem Gedanken wird mir angst und bange.

DER SINN DES LEBENS

Bei diesem Titel muss nun wirklich alles stimmen,
doch der Rhythmus fängt mal wieder an zu schwimmen...
Und in seinem Glas ganz leise
zieht ein Goldfisch seine Kreise.

Oliver Polak. Der jüdische Patient. Taschenbuch.
Verfügbar auch als eBook

Nach seinem Bestseller »Ich darf das, ich bin Jude« und
einer dreijährigen Tour erleidet Oliver Polak einen Total-
zusammenbruch. Diagnose: schwere Depression. Einzige
Rettung: zwei Monate Psychiatrie. Über diese Zeit, seine
Herkunft, Hoffnung und Heimat hat der Comedian jetzt
ein Buch geschrieben – herausgekommen ist ein Gewalt-
marsch durch sein Unbewusstes, ein Frontbericht aus der
Psychiatrie zwischen Backstageraum und Wartezimmer.

»Sollte ich jemals in der Klapse liegen, ich hätte gern
Oliver Polak als Bettnachbarn.« *Christian Ulmen*

Moritz Netenjakob. Mit Kant-Zitaten zum Orgasmus.
Klappenbroschur. Verfügbar auch als eBook

In seinem neuen Buch erzählt Moritz Netenjakob die lustigsten Geschichten aus dem deutschen Alltag. Es geht um Lehrerehepaare, die mal Fesselsex probieren wollen, Urlauber, die beim Stierrennen in Pamplona auf DIN-Normen pochen, und um verliebte Siebzehnjährige, die beim Anbaggern von ihren Helikopter-Eltern gecoacht werden. Moritz Netenjakob setzt unseren menschlichen Schwächen ein brüllend komisches Denkmal.

Leseproben und mehr unter www.kiwi-verlag.de